童/眼/识/天/下/科/普/馆

海洋的四季

童心 ○编绘

化学工业出版社
·北京·

图书在版编目（CIP）数据

童眼识天下科普馆 . 海洋的四季 / 童心编绘 . —北京：
化学工业出版社，2024.4
ISBN 978-7-122-45046-3

Ⅰ . ①童… Ⅱ . ①童… Ⅲ . ①常识课 - 学前教育 - 教学
参考资料 Ⅳ . ①G613

中国国家版本馆 CIP 数据核字（2024）第 032765 号

童 / 眼 / 识 / 天 / 下 / 科 / 普 / 馆

海洋的四季

责任编辑：田欣炜	美术编辑：张　辉
责任校对：宋　夏	

出版发行：化学工业出版社（北京市东城区青年湖南街13号　邮政编码100011）
印　　装：北京宝隆世纪印刷有限公司
787mm×1092mm　1/12　印张5　字数80千字　2024 年 5 月北京第 1 版第 1 次印刷

购书咨询：010-64518888　　　　　　售后服务：010-64518899
网　　址：http://www.cip.com.cn
凡购买本书，如有缺损质量问题，本书销售中心负责调换。

定　　价：25.00 元

·前言· *Foreword*

季节，是大自然创作出的最美好的画卷。春天如画、夏天似火、秋天像诗、冬天若梦，一年中，四季轮番展示着自己的风华，带给我们不同的期待和惊喜。

本系列是专门为孩子精心制作的一套图书，每一本都用娓娓道来的语言和精美细致的手绘图片讲述了生动有趣的科普知识。为了与小读者良好地互动，每本书中都设有一位动物主人公，它会带着孩子们到不同的环境去聆听大自然，细数大自然的美好，感受四季轮回的魅力。

小海燕啾啾听说，每个季节的大海都有独特的风光。春天的大海风起潮涌，夏天的大海热闹奔放，秋天的大海萧瑟孤寂，冬天的大海静谧寒冷。大海的四季真是这样的吗？啾啾打算去亲眼看一看。

怎么样，你是不是也对海洋的四季产生了好奇？那还等什么？赶快走进《海洋的四季》，和勇敢的小海燕啾啾一起去探索四季海洋的秘密吧。相信，你一定会有很多收获！

目录
Contents

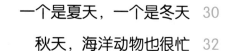

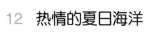

春 夏
秋 冬

春天，海风吹啊吹

当海水将湿气吹进岩缝间的鸟巢时，来自烟黑叉尾海燕家族的小冒险家啾啾，即将开始它的旅程。这是啾啾的第一次旅行，它要从北半球出发，在海上进行一次环球之旅。啾啾一直向往着大海，澎湃的浪花、壮阔的海面、多姿的海洋生物……这些都深深吸引着它。

春天的海边

春暖花开的时节到了，微暖的海风吹走了寒冬，松软的沙滩上还很安静，但这份安静不会维持太久，在不久之后，成群的海鸟就会飞来这里，到那时海岸边就会热闹起来。

蓝色的星球

蔚蓝的大海无边无际，远远望去，仿佛和天空连成一片。当阳光穿过云层洒向海面，湛蓝的海洋变得波光粼粼，像是被撒了一层金沙。啾啾深深沉醉在这耀眼的景象里，它听爸爸妈妈说过，海洋的总面积约占地球表面积的71%，而海洋里的水约占地球总水量的97%，所以地球也有"蓝色星球"的别称。

海风越吹，海浪越荡

海风吹呀吹，吹得平静的海面掀起来阵阵波浪。急性子的海风催促着海浪向岸边前行，一波又一波的海浪拍到沙滩上，拍在岩石上，激起来朵朵浪花。等海面恢复平静，海水渐渐消退，浪花就会像泡沫一样消失不见。啾啾刚学会飞行不久，在海风的吹动下，它的飞行十分不稳。不过啾啾是只顽强又聪明的海燕，很快它就掌握了在海风中飞行的方法，飞得平稳多了。来，让我们跟着啾啾一起，去未知的海域探险吧！

春潮来了！

啾啾在低空中飞行，捕食浮在水面上的小鱼和浮游生物。吃饱喝足的它降落在附近的海岸上，一只怪模怪样的小螃蟹从它身旁飞快地撤离。小螃蟹临走前好心地提醒啾啾："春潮就要来了，你快点儿飞走吧。"

潮水预言家

这只小螃蟹叫招潮蟹，它的一对蟹螯大小相差悬殊，大螯横在身前就像武士的盾牌。招潮蟹是著名的"潮水预言家"，它的身体会随着日夜变化而变色，白天颜色鲜艳，夜晚颜色就会变浅，而它变色的时间与潮水涨落的时间是一致的。在潮水来临前，它会停止活动躲进洞穴里，直到落潮它再从洞穴中出来。如果不知道潮水何时会来，听招潮蟹的话准没错。

潮水预言家

啾啾站在礁石上观望，在海天交接的远方，一条银白色的线向着海岸翻涌而来，越接近海岸，它卷起的浪就越高。眼见潮水就要冲击过来，啾啾立刻挥动翅膀飞到半空中，汹涌而来的春潮顿时淹没了大半个海岸，吓得啾啾翅膀都软了，差点从天上掉下来。春潮为什么这么凶呢？原来，涨潮和太阳、月亮的引力有关。春天，尤其是春分时期，太阳和月亮的引潮力特别大，这就造成了凶猛的春潮。

潮水的礼物

春潮一浪接着一浪向海岸扑过来，波浪滔天的声音像是大海在怒吼。退潮之后，海面重新安静下来，好像什么都没有发生过。啾啾小心翼翼地回到沙滩上，它惊喜地发现，凶悍的春潮在沙滩上留下了"礼物"。海中的贝壳啊，海星啊，小鱼啊，都被潮水一股脑儿地冲上了岸，将金黄的海岸线装饰得更加多姿多彩了。啾啾高兴地说："潮水把春天送到海岸来了！"

海龟妈妈产卵记

啾啾飞了好久，决定找个地方休息一下，它降落到一片沙滩上，站在岩石上梳理自己的羽毛。这时啾啾看到，一只比自己大好几倍的生物从海里缓缓爬向沙滩。啾啾从来没见过这样的生物，它是谁呢？

海里的老前辈

"你好，请问我可以和你做朋友吗？"啾啾热情地飞过去和这只生物打招呼。经过简单的交谈后，啾啾认识了这位新朋友。它的名字是海龟，是生活在海里的生物。海龟是地球上有名的"活化石"，早在两亿年前，海龟的祖先就生存在地球上了。除了家族历史悠久，海龟还是一种长寿的动物。一只海龟的寿命最高可以达到150岁左右，论资历的话，它可以算得上是啾啾的老前辈了。

海龟妈妈要产卵

这是一只海龟妈妈，它对啾啾说，自己平时生活在海里，这次是为了产卵才爬到岸上来的。原来现在是海龟的繁殖季节，每当到了这个时候，雌性海龟都会来到岸边，在沙滩上挖一个洞穴，将白色圆形的卵产在洞穴里，同时排出大量的黏液覆盖在卵上，防止水分的蒸发。

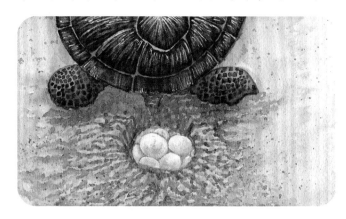

艰难生存的海龟宝宝

海龟没有孵蛋的习惯，海龟妈妈产完卵后，只在卵上铺了些沙子就回海里去了。啾啾不禁为海龟宝宝担心，没有妈妈的照料，它们要如何生存呢？啾啾的担心不是没有道理的，它们的成长过程中处处都是危险。海龟宝宝还没出生，附近的海鸟就会敲开蛋壳吸食蛋液。小海龟破壳而出后，在回归海洋的旅途中，又将面对来势汹汹的捕食者。即使有小海龟能成功回到海里，海洋里依然危机重重。

又到海鸟繁殖季

在春日的海洋上，和煦的春风携手海洋湿润的水汽吹绿了海岸边的茂密森林，也吹来了一群远方的客人。春季是海鸟繁殖的季节，一大群海鸟聚集在这片海岸寻找配偶，组建家庭。

海鸟的聚会

啾啾想在岸边找个落脚的地方，可是这里海鸟实在是太多了，它都不知道该落在哪儿了。海鸟们拥挤着落在沙滩上、礁石间、悬崖上，到处都是海鸟们筑的鸟巢。有的海鸟用婉转的歌声吸引异性，有的海鸟抖动着漂亮的羽毛展示自己，还有一些雄鸟用打架的方式争夺雌鸟。已经成家的海鸟们成双成对地依偎在一起，孵化自己的宝宝。整片海岸都洋溢着幸福的气息，这就是春天的气息。

海鸥生宝宝

啾啾在一对海鸥夫妇附近找到了休息的地方。每到繁殖季节，海鸥们就成群聚集在海岸边，但它们不会共同生活，每对海鸥都有自己的生活范围，不许别的鸟入侵。海鸥的巢十分简陋，用海藻、树枝、羽毛等织一个浅圆盘，鸟巢就搭建完成了。海鸥妈妈每次会产2~4枚卵，海鸥父母会轮流孵卵，22~28天后，小海鸥就会出生了。

鲣鸟的求爱舞

春天的海岸上到处都是渴求爱情的海鸟，鲣鸟也是其中之一。当雄鲣鸟遇到喜欢的雌鲣鸟，它就会张开双翅，用醒目的大脚蹼跳踢踏舞向对方求爱。如果雌鲣鸟也喜欢雄鲣鸟，它会与雄鲣鸟一起鸣叫，宣告它们已结成伴侣。

弥漫的海雾

这几天，不知是谁施展的魔法，大海上雾气弥漫。啾啾艰难地在海雾中前进，它必须谨慎地飞行，不能被海雾迷失了方向。

海雾的形成

春天到了，空气慢慢变暖，暖空气与微凉的海面接触后，被冻出了眼泪，这泪珠凝结成细微的水滴，然后形成了海雾，它的名字叫平流冷却雾。除了平流冷却雾，海雾还有平流蒸发雾、混合雾、地形雾等类型。不同海雾的浓度、范围也都大不相同，不过在啾啾眼里，这些雾看上去似乎没什么区别，无论是哪种雾都会挡住它前进的路。

黄海"雾窟"

眼前的海雾让啾啾想起了在黄海的旅行经历。黄海位于中国大陆与朝鲜半岛之间，在山东半岛最东端的成山角附近的黄海海域经常出现海雾，冬、春、夏季都是成山角海雾多发的季节，最长连续雾日长达27天，所以成山角也有"雾窟"之称。

缥缈之美

浓密的海雾让啾啾不得不暂停旅程，它压低身子靠近海面飞行，终于找到一个小岛当临时落脚点，它打算等海雾消散再继续旅行。缥缈迷离的海雾笼罩在无垠的海面上，也为小岛蒙上一层薄薄的面纱。整个小岛宛若海中的"仙岛"，"仙气"缭绕在啾啾的周围，它已经沉迷在海雾的缥缈之美中了。

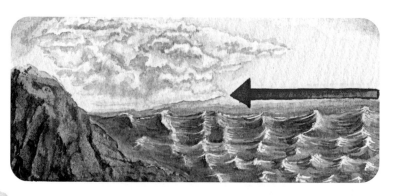

热情的夏日海洋

不知不觉，啾啾已经从北温带飞到了亚热带，季节也从春天变成了夏天。夏天的海洋有什么呢？啾啾展开自己的想象，夏天的海洋一定有热烈的阳光，有湛蓝的大海，有金黄的沙滩，还有高大的椰子树！快来和啾啾一起开启夏日的海洋新篇章吧！

温暖的海水

啾啾从空中俯冲进海里捕食，然后再一跃而起飞回天空。它十分惊讶，这里的海水竟然一点也不冷，甚至还很温暖。这主要是因为温度越来越高，还有温暖的洋流经过，使海水变得十分暖和。

树影摇曳

啾啾在海面上空飞了很久，它决定去陆地上看一看。高大的椰子树笔直地矗立在海岸边，宽大的树叶如礼花般在树干上绽开。一棵棵挺拔的椰树尽职地守卫着海岸，椰树叶在海风的吹拂中上下摇摆，婆娑的树影在沙滩上绘制了一幅精美的海岛画卷。夏日的海洋风光无限，让啾啾带我们一起去看一看吧。

爱搬家的寄居蟹

夕阳西下，潮水退潮，啾啾正在海边吃着潮水带来的食物，忽然看见一只"海螺"突然长出脚来跑开了！啾啾赶紧追过去一看，原来是一只背着海螺的寄居蟹啊。

住在海螺里

寄居蟹每天都要背着"海螺房子"跑来跑去，它没有甲壳保护自己，所以只能为自己寻找一副自保的"盔甲"。海螺壳就是很合适的盔甲，寄居蟹会吃掉螺肉，然后把身子钻进壳里，把脚放在壳外用来爬行。同时，为了适应住在海螺里的生活，大多寄居蟹的一对蟹螯也进化成一只大一只小，这样在受到袭击时，它的大螯可以挡住螺口，抵御敌人的伤害。

海葵的好搭档

寄居蟹发现啾啾并不会伤害自己，于是便放松警惕和啾啾聊起天来。啾啾这才知道，寄居蟹即便背着螺壳也还是会有危险，幸亏它有一个好伙伴——海葵。海葵自己不能移动，但寄居蟹可以背着它在海中遨游；当寄居蟹受到危险时，海葵的刺丝囊可以射出剧毒攻击敌人。这样一来，不仅寄居蟹得到了保护，海葵也可以吃到更多的食物。

喜欢搬家

寄居蟹并不会一直住在一个海螺壳里，当它慢慢长大，旧的海螺已经装不下它了，这时它会去寻找新的"房子"。寄居蟹选房时很谨慎，它要先钻进去试一下合不合适，如果感觉满意才会搬进新房子里。不过，如果有一间"房子"被它一眼相中，即使那是其他寄居蟹的家，它也会抢过来占为己有。

色彩斑斓的珊瑚礁

啾 啾飞翔在浅海上方，在夏日骄阳的照射下，浅海的水清澈见底，绚丽的珊瑚礁在啾啾眼前清晰地展现出它的模样。啾啾为了观赏美丽的珊瑚礁，在浅海上空盘旋了好久好久……

春风吹又生

珊瑚对环境很是挑剔，尤其是浅海珊瑚，它们生活在热带和亚热带的浅海中，23~27℃是它们生长的最佳水温。这片亚热带海域正值夏季，适宜的温度、充足的光照让珊瑚的伙伴——虫黄藻生长得更好。要知道，珊瑚之所以色彩绚丽，都是虫黄藻的功劳。瞧，珊瑚舒展着身体享受阳光，多彩的海洋生物穿梭其中，这画面真是美极了！

是动物还是植物

虽然珊瑚很像植物，但它其实是动物的一员，确切地说，珊瑚是由成千上万的珊瑚虫及其分泌物形成的组合体。一只珊瑚虫只有一粒米粒那么大，但当千万只珊瑚虫生活在前辈的"骨骼"上时，就形成了像树、像花、像扇的珊瑚。

珊瑚和珊瑚礁

珊瑚家族有两大派系，一个是造礁珊瑚，一个是非造礁珊瑚。造礁珊瑚生长在温暖的浅水海域，在生长过程中，珊瑚的骨骼不断堆积扩大，就形成了珊瑚礁。珊瑚礁就像是海洋中的"热带雨林"，里面生活着许许多多生物，海绵、海龟、甲壳类动物、海星、海胆、珊瑚鱼……多姿多彩的生物构成了绚烂的珊瑚礁生物群落。

🕊 海岸线守护者

　　珊瑚礁可不是白白长在海底的，它对海洋的作用可大了。珊瑚礁被誉为"海岸卫士"，它的存在可以减轻海浪对海岸的侵蚀作用。即使海啸袭来，在珊瑚礁的阻挡下，海啸的强度也可以有所减轻。

🕊 珊瑚生病了

　　啾啾发现在五彩斑斓的珊瑚礁里，有一丛白色的珊瑚看起来很没有精神，它生病了吗？路过的海鸟给啾啾解释，这里的海洋环境受到了污染，与珊瑚虫共生的虫黄藻就会离开珊瑚去寻找别的宿主。失去虫黄藻提供的养料，珊瑚虫也就会停止生长，失去色彩，逐渐发白，这种情况被称为珊瑚的"白化现象"，严重时可能导致珊瑚死亡。

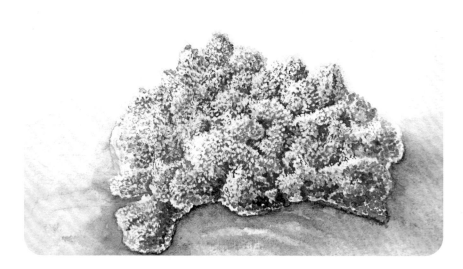

🕊 大堡礁

　　当珊瑚虫不断地生长繁衍，珊瑚礁也在不断长大。经过长年累月的积累，珊瑚礁甚至可以形成珊瑚岛，位于澳大利亚北部的大堡礁就是世界著名的珊瑚岛。啾啾悄悄告诉你，如果从地图上看大堡礁，你会发现大堡礁上有一部分是爱心形的哦。

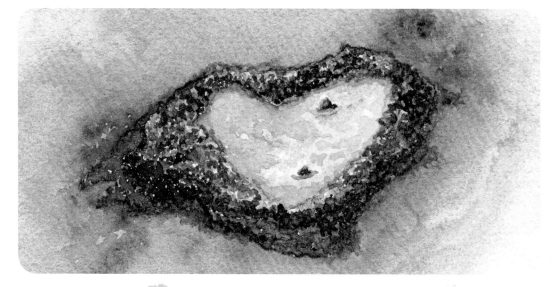

海边沙滩游乐场

烈日炎炎的盛夏里，海边是人们消暑的好去处。他们穿上清凉的衣服聚在海边，有的人牵着手在海岸边散步，有的人趴在沙滩上慵懒地晒太阳，还有的人在浅海里游泳。宁静的沙滩被人类打造成了欢乐的游乐场，啾啾也好想和他们一起玩耍啊！

追逐海浪的人

啾啾看到一个人趴在椭圆形的长板子上向远处的海浪游去，海浪越滚越大，当巨浪就要掀过来的时候，这人立马调转滑板方向，在海浪的推动下滑行。然后他半蹲在板子上，伸开双手保持平衡，用身体控制滑板走向，在海浪上驰骋。这就是在人类中很流行的冲浪运动，每一次追逐海浪的过程都十分惊险刺激。不过啾啾要提醒大家，危险的活动不要轻易尝试，要在专人指导下才可以做哦。

沙滩排球欢乐多

沙滩上热闹极了，除了享受日光浴的人，还有些人站在一道网的两边，把一颗球从网的这边打到网的那边，再被网那边的人打回来。他们是在玩沙滩排球，这是一项风靡全世界的体育运动。人们光着脚，在柔软的沙滩上，尽情地挥洒着汗水，享受着沙滩带来的独有乐趣。

小孩子在做什么？

大人们玩得开心，小孩子也有他们的乐趣。沙滩上那些用沙子堆成的城堡就是小朋友们的杰作。他们还捡来贝壳和石子装饰在"城堡"周围，把"城堡"装点得更精致了。孩子对水有天生的亲近感，这不，有几个"小不点儿"在爸爸妈妈的带领下套着游泳圈在浅海学习游泳，小脚丫在水里上下扑腾着，看起来可爱极了，啾啾都想下水去和他们一起游泳了。

风暴袭来，真可怕！

漆黑的乌云笼罩在整片海洋上空，海风肆虐，海浪高高低低地起伏，雷电时隐时现，乌云中还不断传来轰鸣声。这一切变化让啾啾意识到它的旅程遇到了一个严峻的问题：暴风雨就要来了。

热带气旋

啾啾觉得这不是普通的暴风雨，它遇到的应该是热带气旋。夏天，海水被太阳晒得越来越热，水汽受不了了，它们蒸发到海洋上空凝结成了小水滴，释放的热量让空气的温度更高了。热空气向上升，一旁的冷空气就乘虚而入，冷热空气交织就形成了一个空气旋涡。这个旋涡越来越大，并且随着气流方向移动，这就是热带气旋。热带气旋的出现往往会引起狂风巨浪、暴雨和风暴潮，造成严重的灾害。

狂风暴雨

一艘游轮在海面上随着一波波巨浪艰难行进着，啾啾趁着雨还没下，赶紧飞到游轮上找个空隙躲起来。不一会儿，狂烈的暴雨就从黑压压的乌云中倾盆而下，滔天的海浪将游轮拱起再抛下，恨不得立刻吞噬了它。啾啾吓得瑟瑟发抖，它心里不断祈祷，希望暴风雨快点过去。也许是天空听到了它的祈祷，游轮平安地驶出了暴雨区，啾啾过了好久还心有余悸呢。

热带气旋的级别

根据风速和风力的大小，人们把热带气旋分为不同的级别。中国气象局将热带气旋分为热带低压、热带风暴、强热带风暴、台风、强台风和超强台风这六个等级。其中热带低压的程度最低，风力为6~7级；超强台风的程度最高，风力在16级以上。

热带气旋等级	底层中心附近最大平均风速(m/s)	底层中心附近最大风力(级)
热带低压	10.8～17.1	6～7
热带风暴	17.2～24.4	8～9
强热带风暴	24.5～32.6	10～11
台风	32.7～41.4	12～13
强台风	41.5～50.9	14～15
超强台风	≥51.0	16或以上

灾难来了

热带气旋的来袭对人类来说是毁灭性的灾害。肆无忌惮的狂风和暴雨会令海上的船只沉没、陆地上的建筑物损毁，在山区还会引起泥石流和河水泛滥。热带气旋造成的农作物、下水道、道路等发生破坏，还会间接导致粮食短缺、疾病传播、救援困难等问题，使人类的灾后重建工作面临巨大的困难。

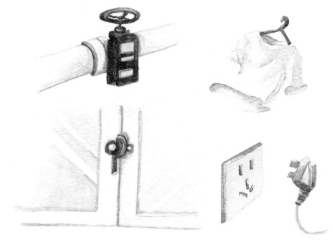

台风来了怎么办

啾啾要告诉大家，台风来了一定要像啾啾一样躲在高大的建筑物里。在家里的话一定要收起晾晒的衣服，关紧门窗，检查煤电是否安全，并关注政府发布的防御台风的对策。最重要的是一定要保证自己的安全，不要做危险的事情哦。

台风的预警

在中国，热带气旋一般被称为台风。气象局根据台风的风力大小，设置了四个台风预警信号。当天气预报说今天有台风蓝色预警信号时，这就表示24小时内这个地区可能或者已经受热带气旋影响，沿海或者陆地平均风力达6级以上，或者阵风8级以上。除此之外，还有黄色、橙色、红色台风预警信号，台风红色预警信号是级别最高的，平均风力12级以上，阵风14级以上。

它在夏天要睡觉

海洋世界无奇不有，啾啾听朋友说过，在海里有一种叫海参的动物，当别的海洋动物在夏天尽情享受的时候，它却躲在石头缝里睡大觉呢。

夏眠的海参

海参是一种对温度十分敏感的动物，当海水温度达到20℃的时候，海参就会躲到深海的岩礁暗处。海参以浮游生物为食，可是到了夏天，浮游生物都跑到阳光充足的海面附近去了，没有食物来源的海参只能把自己缩成一个"刺球"睡大觉，保存好体力，等到了秋天再醒过来。

分身有术

海参是啾啾知道的最神奇的生物，如果把海参的身体切成两段，经过3~8个月，这两段海参就会长成两个新的海参。有的海参还有自切的本领，它们可以自己把身体切成几段，每一段都可以长成新的海参。

海参会溶化

海参还有一个神奇之处，那就是它会溶化。当海参离开海水后，它的体内会产生一种自溶酶，自溶酶会导致海参化成像水一样的物质，最后消失得无影无踪。不仅如此，如果环境受到污染或者有油性物质，海参也会自溶。当海参到达生命终点时，它自己也会溶于大海之中，成为海水的一分子。

南极的磷虾盛宴

啾啾在环球旅行中并不寂寞，它遇到了好多动物朋友。这些朋友对啾啾讲了好多海洋趣事。其中有一个朋友告诉它，南大洋中有一种神奇的浮游生物，名字叫南极磷虾，它们体内长有发光器，可以发出点点荧光。当数万只磷虾在白天集体洄游时，海面会呈现一道浅褐色，到了夜晚，磷虾就会使海面布满点点繁星，看起来像和星空连成了一片。

夏天，小磷虾出生了

南极磷虾是南大洋里最丰富的浮游动物，磷虾妈妈通常在1~3月产卵，每次会有成千上万粒磷虾卵宝宝出生。这些卵宝宝出生后会下沉到大陆棚底部或海洋区域2000~3000米深处开始发育孵化，而后开始缓慢向海面上升。到达100米水层时，已成为能够直接主动摄食的幼虾。当2~3年的生长期过去，小磷虾终于上浮到海面的时候，它们就正式成年了。

蓝鲸来了！

蓝鲸是目前世界上最大的动物，体形大约是啾啾的一百多倍。这样的大个子最喜欢的食物竟然是几厘米大的南极磷虾。看，一头蓝鲸钻进了磷虾群，它张开巨大的嘴巴，那大嘴里没有尖锐的牙齿，而是数百个鲸须板。蓝鲸一口将磷虾和海水一起吞下去，然后再闭上嘴巴把海水从鲸须板间喷出来，磷虾就进了蓝鲸的肚子。就这样，一头蓝鲸每天会吃掉大约四千万只磷虾呢。

南极磷虾的食客们

南极磷虾可不只是蓝鲸的食物，海豹、冰鱼、企鹅、信天翁……都是南极磷虾的爱好者。啾啾也想尝尝南极磷虾的味道，听说它们不仅营养非常丰富，还有很多药用功能呢，所以就连人类也开始到南大洋捕捞磷虾了。幸亏南极磷虾的数量丰富，大约有数十亿吨，不然还真供应不了这么多食客。

一个是夏天，一个是冬天

啾啾越飞越奇怪，自己已经飞行了好几个月，都飞到南半球了，算算时间，现在应该是秋天才对，可是它飞过的地方却像是在春天里一样。啾啾有些犯迷糊了，秋天去哪里了呢？

没有四季的热带

啾啾觉得，也许是因为自己在热带飞得太久了，所以才会分不清四季。热带常年处于高温天气，季节变化非常不明显。在热带，既不会有落叶，更不会有雪花，火热的太阳总是高高地挂在天空，只有在乌云出来时太阳才会暂时躲藏一会儿。因此热带基本没有季节划分，只有相对热季和凉季，或干季和雨季之分。

颠倒的四季

啾啾来自北半球，那里的四季是这样划分的：每年的3~5月是春天，6~8月是夏天，9~11月是秋天，从12月到第二年的2月是冬天。春天发芽、夏天开花、秋天落叶、冬天下雪，这四个季节的特征啾啾一定不会记错，那么到底是哪里不对呢？

其实，啾啾之所以会犯迷糊，是因为南半球的四季与北半球的正相反。也就是说，北半球的春夏是南半球的秋冬，而南半球的春夏就是北半球的秋冬。啾啾左思右想，终于想通了这个规律，它十分开心，现在自己又可以过一遍温暖的春夏了。

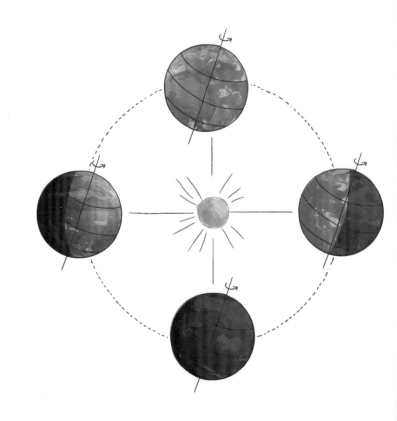

秋天，海洋动物也很忙

啾 啾又在南半球享受了一轮春天和夏天，当海风变得微凉时，它知道秋天终于到了。啾啾知道在陆地上，当秋天到来，树会落叶，花会凋零，鸟儿会迁徙……那么，秋天的海洋会发生怎样的变化呢？其实在啾啾看不到的海面之下，秋天带来的变化已经出现了。

秋，海底萧瑟

当寒凉的秋风拂过海面，海水的温度也随之降低。少了游客的海滩显得有些安静，一阵阵浪潮涌向岸边，墨绿的海藻被遗留在岸上。低温的海水以及变短的日照时间让水下发生了变化，生长在浅海的海草由于缺乏温暖的阳光，逐渐变得腐坏甚至死亡，生活其中的小鱼和虾蟹只好选择离开，原本热闹的"海底草原"也染上了秋天的萧索。

去吧，到温暖的地方去

秋天到了，冬天就不远了。一些海鸟开始了它们的旅途，它们要在秋天还不太冷的时候，飞往温暖的国度过冬。鲸鱼也要游去温暖的海域，在那里生下鲸鱼宝宝，然后在春天的时候带着孩子一起回家。当大部分生物都前往热带时，啾啾还在继续向南飞行。它满怀期待地飞翔着，在这个秋天里，它会认识什么样的新朋友呢？

北极燕鸥：我要飞到北极去

北极燕鸥就是啾啾在旅行中认识的新朋友。北极燕鸥自称是来自北极的飞行家，它从北极一路飞到南极去过冬，现在刚刚结束南极的假期，就要飞回北极去了。北极燕鸥绘声绘色地向啾啾讲述着它的经历，啾啾越听越感叹，北极燕鸥可真了不起！

绅士飞行家

北极燕鸥的个头小巧，灰白色的羽毛，黑色的头顶，红色的喙和双脚，看上去优雅又美丽。当这位"飞行家"伸展翅膀飞向天际时，那矫健的身躯、翱翔的姿态潇洒又迷人，啾啾觉得自己都快变成它的"小粉丝"了。

从北极到南极

北极燕鸥通常居住在北极圈附近，当北半球处于夏季时，它们就待在北极繁衍生息。等北半球到了秋天，北极燕鸥一大家子就会一起飞越重洋，历经2~3个月，一直飞到南极，在南极度过夏天。当南半球的秋天到了，北极燕鸥会再次起飞，飞回北极的家。凭借天赋异禀的远飞能力，北极燕鸥可以在一年内享受两次夏天。它们一年大约要飞4万千米，其他海鸟都没有它们飞得远。

饿了，捕鱼去

长途飞行是个体力活儿，所以北极燕鸥会在起飞前吃下和体重相当的食物，以保证体力充沛。北极燕鸥也会在迁徙过程中捕鱼，当它们锁定猎物后，会迅速冲进水中进行猎捕，整套动作稳、准、狠，基本很少失手。

沙丁鱼洄游历险记

啾啾正悠闲自在地飞行着，这时一群鲣鸟忽然出现，呼啦啦地从它身边飞过，吓了它一跳。它再看向海面，几只海豚正翻腾着，和鲣鸟奔向同一个方向。啾啾很奇怪，它们要一起去什么地方？此时的啾啾并不知道，在不远处的海面之下，一大群洄游的沙丁鱼将面临怎样的危险。

一路向北

秋天的海水有些寒凉，数百万条银白色的沙丁鱼聚在一起，组成了六七千米的鱼群带，它们要从南半球出发，一路游向北方，去寻找温暖的海域。这是一场注定危险的迁徙，沙丁鱼群不仅要面临海中的威胁者，还要时刻警惕从天而降的入侵者。

鲨鱼太心急

在沙丁鱼的天敌中，鲨鱼或许是最蠢笨的。这并不是指鲨鱼的智商有问题，而是当鲨鱼成群攻击沙丁鱼群时，既没有组织也没有纪律。缺乏耐心与战术的鲨鱼总是横冲直撞，而这正好给了沙丁鱼群防御的机会。沙丁鱼会左右变换阵形，把鲨鱼绕得团团转，不过也有不少沙丁鱼葬送在鲨鱼口中。

海豚有战术

与鲨鱼相比，海豚就显得聪明多了。为了防御外侵，沙丁鱼群会形成一个庞大的"防御球"，但聪明的海豚很快就能击破沙丁鱼群的防御。海豚会穿梭在鱼群里，将"防御球"切割成四分五裂的小群体，然后将这些小群体驱赶到浅海，防止沙丁鱼逃到深海。海豚都是训练有素的战士，在完成捕猎目标之前，它们绝不急于求成。

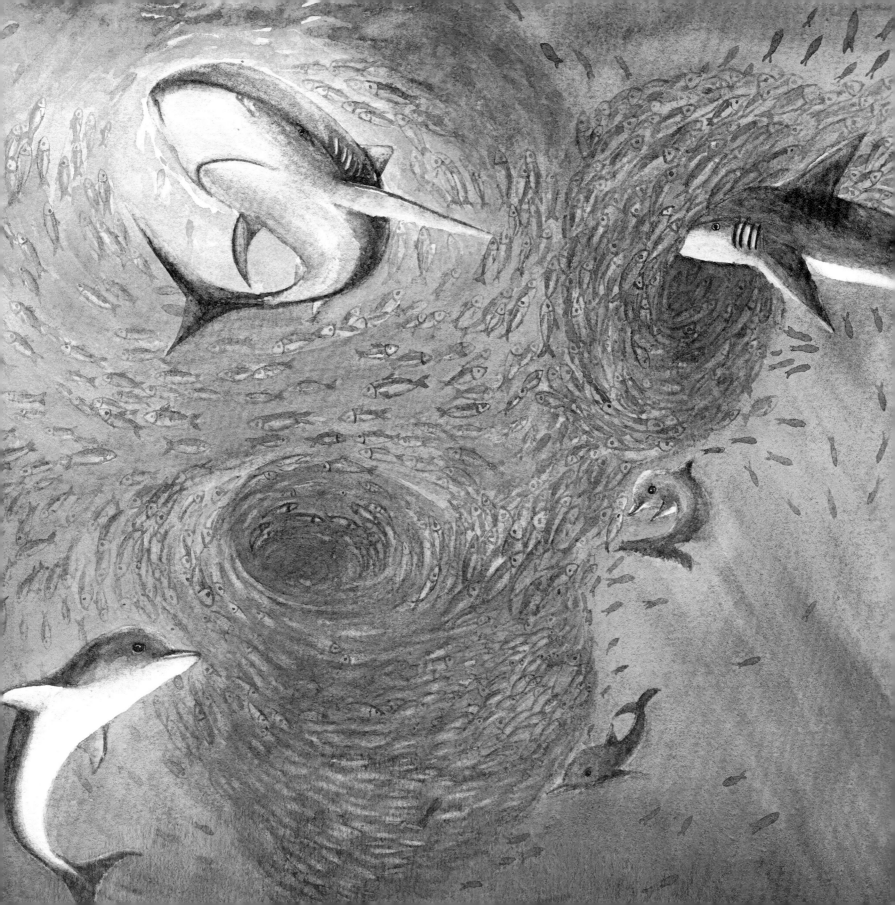

来自天空的袭击

来自天空的威胁者鲣鸟自然不会放过这个捕猎的好机会。成群的鲣鸟像一枚枚导弹，从天空迅速俯冲进海里，追击着四处游窜的沙丁鱼群。它们与海豚相互合作，共同围剿，无法保持队形的沙丁鱼群陷入了巨大的危机。

向往温暖

啾啾在天空中看到了这场混战的全过程。沙丁鱼群伤亡惨重，但幸存的沙丁鱼仍然继续艰难地前行，追逐暖流中的浮游生物。喜爱温暖的天性驱使着沙丁鱼群一定要游到温暖的海域去。

捕食者同盟

许多捕食者都盯上了沙丁鱼群，金枪鱼等鱼类也过来趁火打劫。捕食者们会共同围捕沙丁鱼群，它们不需要任何交流，也不会互相攻击，在共同的食物面前，捕食者们组成了坚固的同盟。鲸鱼在围捕的最后关头出现了，它是最强势的捕食者，只要它的大嘴张开再合上，毫无还手之力的沙丁鱼只能无奈地被吸进鲸鱼的肚子里了。

鲸鱼的迁徙地图

经过长时间的飞行，啾啾的肚子有些饿了，它刚想飞到海面去捉一些小鱼来吃，突然一股"喷泉"从海里喷出，一下子把啾啾冲回了天空，把它吓了一大跳。一头巨大的座头鲸从海里浮上水面，连忙向它道歉："真是对不起，不小心喷到你了。"

迁移冠军：灰鲸

啾啾和座头鲸聊得十分开心，通过座头鲸，它知道了好多关于鲸鱼的小知识。座头鲸告诉它，在它们鲸鱼家族中，灰鲸的迁徙距离是最长的，大约有2万千米呢。灰鲸从太平洋的北美洲一侧出发，先去北极圈把肚子填饱，然后沿着北美洲大陆南下，前往阳光充足的加利福尼亚湾繁衍生息。当它们迁移时，每天能行进185千米，只需要几个月它们就能到达目的地。

新朋友座头鲸

鲸鱼是哺乳动物，需要用肺呼吸，当它们浮到水面换气时，会把周围的海水一起喷出去，所以啾啾才会被座头鲸的"喷泉"喷到。由于"喷水"之交，啾啾和座头鲸成了朋友。啾啾通过聊天得知，座头鲸夏天的时候生活在凉爽的高纬度海域，现在到了秋天，它得迁徙到热带温暖的海域去结婚生子了。啾啾要继续向南飞，这和座头鲸的路线完全相反，它很遗憾不能去参加朋友的婚礼了。

远离虎鲸

座头鲸还对啾啾说，它们鲸鱼在生下宝宝之后，会带着孩子离开繁殖地，回到之前生活的地方。鲸鱼宝宝很调皮，它们的母亲要一直时刻关注着孩子，灰鲸有时还会把孩子背在背上迁徙。鲸鱼妈妈要这么费心，主要是因为鲸鱼家族中有一个著名的恶霸——虎鲸。虎鲸非常可恶，它会去捕食其他鲸鱼的幼崽，所以带着孩子的鲸鱼都会小心翼翼地前行，以免落入虎鲸的"虎"口。

冬天的海洋是什么样的？

当晶莹的雪花在南半球翩翩起舞时，漫长的环球之旅终于接近了尾声。很快啾啾就要到达南极，想到这里，它的内心还有点小激动呢。冬天的海洋是什么样子的呢？刺骨的寒风将啾啾从远海一直吹到近海海岸，海洋的冬季景象如同一幅梦幻的画卷在它眼前慢慢展开。

静美的冬日海洋

凛冽的寒风呼啸着吹过海面，宣告着冬日的降临。冬天的大海虽然寂静，但却别有一番风味。被冰雪覆盖的礁石染上了纯净的洁白，一根根晶莹剔透的冰凌悬挂在石头下方，海浪也被定格凝结成厚厚的海冰。一些留守的海鸟在孤独地飞翔，它们悠远的鸣叫声显得冬日的海洋更加寂寥。啾啾站在光秃秃的树枝上，静静地感受着冬日大海的静默之美。

冰雪极地

啾啾要去看望它的远房亲戚南极海燕，它就住在南极大陆上。南极是地球上最冷的地方，几乎没有植被，也没有人类居住，是一个只有动物生活的"冰雪王国"。啾啾在南极会有什么样的经历呢？让我们拭目以待吧。

海水也结冰

啾啾在飞往南极海燕家的路上，十分想停下来休息一下，可是这附近除了大块大块的海冰，一块陆地都没有。啾啾没有办法，只能在海冰上停歇一会儿。冰凉的海冰冻得啾啾直跺脚，奇怪了，好好的海洋为什么会结冰呢？

海水咋结冰？

当气温降到了0℃，小河中的淡水就会结冰。海水就不一样了，海水中含有很多盐分，温度必须到0℃以下，海水才有可能结冰。结冰的温度，也会随着盐度的大小而变化，盐度越高的海水，结冰时温度就越低。除了温度，水深也会影响海水结冰，不信你瞧，海水总是由浅水区向深水区结冰。

对海洋的影响

当海面上有海冰存在时，它们会像一个大房顶一样阻碍热量的传导，使海水温度总是处在低温的状态。海冰的存在还会阻碍海浪的传播，大波浪本来想拍在海岸上，但在层层海冰的阻挡下，只能变成小波浪，顶着厚重的海冰起起伏伏了。

瞧，是冰山！

啾啾飞到离南极不远的地方，还看到一种冰形成的山。冰山是由极地的冰川破裂而成的，并在海上自由漂移。冰山十分巨大，它90%的体积藏在海面之下，啾啾看到的海上冰山只是"冰山一角"。世界上，海冰最多的地方就在两极地区。而且，啾啾你知道吗？南极还是世界上最大的天然冰库呢。

流冰？固定冰？

海冰实在太凉了，啾啾只歇了一小会儿就挥动翅膀继续前进了。一路上它看到了好多海冰，有的海冰在海里漂来漂去，有的附着在海岸上冻得紧紧的。那些随着海风和洋流漂来漂去的海冰叫"流冰"，而冻在海边的海冰叫"固定冰"，其中延伸到海上并高出海面2厘米的固定冰叫冰架，附着在海岸上的狭窄冰带是冰脚。冰脚虽然名字里有"脚"，但它并不能自由移动，而冰架只有在潮位变化时，才能随着潮水起伏做一些升降运动。

破冰船来了！

无法在海冰上休息的啾啾落在一艘船上停歇，这是一艘厉害的破冰船，它可以用坚固沉重的船体压碎海冰，也可以用螺旋桨转呀转，把连在一起的海冰全都劈开。破冰船靠船体的冲撞和螺旋桨的力量在厚厚的冰层之间开出了一条航道，多亏了破冰船，其他船只才可以在航线上正常地航行。

海冰咸吗？

啾啾知道海水是非常咸的，那么由海水冻结成的海冰是不是也一样咸？答案是否定的。海水结冰时，是其中的水结冰，并将海水中的盐分排挤出来。部分流不出去的盐分会以卤水的形式被包裹在冰晶之间，形成一个个小"盐泡"。所以海冰虽然也咸，但是并没有海水那么咸，经过适当处理的话还可以当做淡水使用呢。

北极熊的冬天

热情的南极海燕接待了远道而来的啾啾，它们俩你一言我一语地闲话着家常。南极海燕问啾啾，在北半球有和南极一样冷的地方吗？啾啾告诉它，北半球的北极就相当于南半球的南极，那里是北极熊生活的地方。

三层"保暖衣"

北极的冬天异常寒冷，北极熊能在严酷的寒冬中生存下来，全靠它自带的三层"保暖衣"。北极熊的毛虽然看起来是白色的，但其实它们都是中空透明的小"细管"，这些"细管"可以使紫外线沿着芯部通过，照射到毛下的皮肤上，黑色的皮肤会为北极熊吸收到更多阳光带来的热量。最后一层保暖衣就是北极熊的皮下脂肪，厚厚的皮下脂肪可以帮助北极熊保持温度，还可以进一步将严寒阻隔在体外，防止受寒。

北极霸主

北极熊是陆地上最大的食肉动物，一只成年北极熊有2米多高，体重在300千克左右。北极熊的长相憨态可掬，十分受人们喜爱，但它们也是唯一会主动攻击人类的熊。北极熊非常聪明，它们在捕猎时，会用一只熊掌捂住自己黑色的鼻子，把自己隐藏在白色的雪堆之中，然后趁猎物不注意，一下子将它拿下。在北极的冰原之上，没有动物是北极熊的对手。

和熊宝宝一起冬眠

在没有食物的寒冬，北极熊也需要躲避寒风进行冬眠。只不过，北极熊不会睡得很熟，一旦遇到紧急情况，它们就会立刻惊醒。在寒风呼啸的北极，躲在洞穴里的北极熊妈妈会将小北极熊环抱在怀里，熊宝宝在妈妈温暖的怀抱里睡得香甜，这是多么温馨的画面啊。

极夜，好漫长 🌙

夜晚到来了，白昼时间越来越短，但这并不算什么，听说在南极圈以南，黑夜的时间更长，在南极点上有半年的时间都是夜晚呢。于是，"冒险家"啾啾继续向南飞，它想去感受南极极夜的变化。

极夜有多长

在地球仪上，南极和北极附近各有一个圈，名字分别叫南极圈和北极圈，极夜只会在北极圈以北和南极圈以南的地区出现，而且纬度越高，极夜的时间也越长。在极圈上的地区，极夜只会持续一天，到了极点，极夜的时间有半年呢。

极夜和极昼

当北半球的春分一过，南极点就会出现极夜。随着时间的推移，极夜的范围会越来越大，等到夏至日时，极夜的范围达到最大。夏至日过后，极夜的范围渐渐缩小，到了秋分，南极就能摆脱极夜的笼罩了，与之相对的，北极就会出现极夜。

在极点上，度过了极夜之后就是极昼了。极昼就是一天里没有黑夜，全都是白天。两极的极昼和极夜刚好相反，所以，当啾啾在南极的极夜中艰难前行时，北极正经历着极昼呢。

为什么会有极夜

极夜为什么会出现呢？原来，我们的地球是倾斜着身子绕着太阳转，所以太阳的光线不能照到地球的每个地方。当南半球到了冬天，大部分太阳光线都集中在北半球，越往南被太阳照射到的地方越少，而南极点更是一点儿阳光都得不到，于是就出现了极夜。

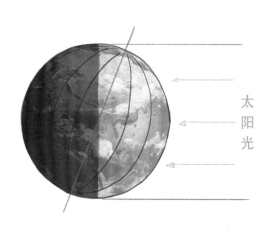

太阳光

南极的冬天也精彩

南极的冬天真是难熬啊！啾啾弱小的身躯在凛冽的寒风中瑟瑟发抖，现在的温度大概有零下几十摄氏度了吧。这不算什么，听南极的朋友说，南极的最低气温曾达到过 −94.7℃呢。极致的严寒、漫长的极夜、怒吼的寒风……这就是啾啾感受到的南极。打起精神，啾啾，冬天的南极其实还有其他风景呢。

南极也有温泉？（欺骗岛）

啾啾，如果我告诉你，在寒冷的南极也有温泉存在，你相信吗？南极确实有一个地方有温暖的温泉，那个地方就在欺骗岛。欺骗岛是南极远古时代时火山喷发之后由火山岩形成的小岛，温泉也是在那时形成的。不过，如果你想在欺骗岛泡温泉需要很大的勇气，因为那里到现在也是一座活火山，随时有喷发的危险哦。

极光，神秘梦幻

啾啾很幸运，它会在南极见到世界上最梦幻的夜空。来自太阳的带电粒子穿过宇宙来到地球，被地球磁场带领到两极。当这些带电粒子进入高原大气层时，与大气中的原子和分子相互碰撞，激发出绚丽的光辉，这光辉就是极光。红色、紫色、蓝色、绿色……多彩的极光使天空宛如梦幻仙境，它们像火苗、像帘幕，在空中摇曳摆动，这神秘壮观的景象让啾啾除了赞叹，什么话都说不出来了。

南极的动物朋友们

啾啾想大概没有什么动物会住在南极吧，那它可就错了，南极的海洋里充满了生机，那里有海藻、海绵、磷虾等小生物，还有海豹、鲸之类的大家伙；海岸边的企鹅们成群地聚集在一起，叽叽喳喳地好不热闹；海洋上空也不寂寞，信天翁、贼鸥、白鸥巡视着这片冰雪大地。

聚在一起生宝宝 ☾

在 南半球待了够久了，啾啾决定回家。它正准备启程，突然一群摇摇晃晃的企鹅吸引了它的注意力。啾啾忍不住和企鹅们攀谈起来，听企鹅讲述它们的成长故事……

🕊 企鹅爸爸孵宝宝

企鹅宝宝在冬天出生。当企鹅还是一颗蛋的时候，被放在爸爸的脚上，企鹅爸爸用温暖的肚皮盖在它的身上。直到出生以后，小企鹅也会被爸爸藏在肚子下，因为它的皮毛无法抵御寒冷的风雪。刚出生的企鹅宝宝都很饿，可是企鹅爸爸也很久没有吃饭了，它们只能给宝宝们喂一点嘴里剩余的食物残渣。靠着有限的食物，小企鹅和爸爸们在风雪中艰难地等待着出去觅食的企鹅妈妈。

🕊 小心，贼鸥来了！

贼鸥在企鹅身边徘徊着，目光紧盯着企鹅蛋，那是它们最爱的美食。趁着企鹅父母不注意，贼鸥就会叼走企鹅蛋，啄食里面的蛋液。贼鸥不只对蛋有兴趣，企鹅宝宝也是它们的捕食目标。它实在太凶猛了，虽然企鹅父母会为了保护宝宝奋起反击，但是它们根本抵挡不了贼鸥的袭击。啾啾想，贼鸥应该是企鹅最讨厌的猎食者了吧。

企鹅托儿所

企鹅妈妈们终于回来了，企鹅爸爸们将宝宝交给妈妈们照顾，也赶紧出门觅食，它们已经两个多月没有吃饭了。等到企鹅宝宝再长大一点，企鹅父母需要出去寻找食物给小企鹅吃。这时，单身的雌企鹅们会成立一个"企鹅托儿所"，精心照顾企鹅宝宝们。

是时候独立了

"那后来呢？你们为什么来到了海边？你们的爸爸妈妈们去哪里了？"啾啾问着这群企鹅。企鹅告诉啾啾，爸爸妈妈在它们5个月大时，给自己喂了饱饱的一餐后就离开它们了，让它们去独立生存。和爸爸妈妈分开后，小企鹅们成群结队地向大海前行。在这期间，它们褪去身上的绒毛，换上新的适合生存的羽毛。等它们到达海洋能够独立捕食时，就意味着已经长大，能够独当一面了。

告别了企鹅朋友，啾啾开始往北飞，它要飞回北方的家。回忆一下，它可是领略了海洋的四季风光呢，想想还挺骄傲呢。